연상법으로
가나 완전 암기 비법

아리가또

일본어 펜맨십

첫걸음

ㅣ 일본어프로덕션 편저 ㅣ

Nihongo
Factory

저자진 일본어프로덕션(JP)

일본어 교재를 시장조사, 기획, 집필, 일본인과의 교류를 목적으로 한 연구회(2007년 1월 발족)

- 김영훈(중앙대학교 일본어교육원 어린이일본어교사과정 주임교수)
- 김희박(김희박일본어학원 원장)
- 신재훈(중앙대학교 일본어교육원 어린이일본어교사과정 전임교수)
- 임창규(제주한라대학 관광일어통역과 교수)
- 조병희(전 카톨릭대학교와 인천전문대학 일본어과 교수. 일본어뱅크 CEO)

연상법으로 가나 완전 암기 비법

아리가또
일본어 펜맨십 첫걸음

2009. 2. 10. 초 판 1쇄 발행
2009. 2. 20. 초 판 2쇄 발행
2010. 1. 14. 초 판 3쇄 발행
2010. 3. 26. 초 판 4쇄 발행
2018. 3. 30. 초 판 5쇄 발행

지은이 | 일본어프로덕션
펴낸이 | 이종춘
펴낸곳 | 주식회사 성안당

주소 | 04032 서울시 마포구 양화로 127 첨단빌딩 5층(출판기획 R&D 센터)
     | 10881 경기도 파주시 문발로 112 출판문화정보산업단지(제작 및 물류)
전화 | 02) 3142-0036
     | 031) 950-6300
팩스 | 031) 955-0510
등록 | 1973. 2. 1. 제406-2005-000046호
출판사 홈페이지 | www.cyber.co.kr
ISBN | 978-89-315-8229-1 (03730)
정가 | 7,000원

이 책을 만든 사람들
기획 | 최옥현
진행 | 김해영
표지 디자인 | 박현정
홍보 | 박연주
국제부 | 이선민, 조혜란, 김해영
마케팅 | 구본철, 차정욱, 나진호, 이동후, 강호묵
제작 | 김유석

일러두기

1. 일본인의 발음을 들으면서 일본어 문자를 익혀야 하므로, 반드시 문자를 쓰기 전에 인터넷 무료 동영상 강의 발음을 듣는다.

2. 문자별 카드, 암기용 카드를 최대한 활용하여 단기간에 암기한다.

3. 문자를 익히는 방법은 다음과 같다.

   ① 그림 연상하며 쓰는 순서 익히기
   ② 쓰는 순서 익히며 40번씩 쓰기 연습
   ③ 단어 익히며 쓰기 연습
   ④ Check Check
   ⑤ 혼동하기 쉬운 글자

4. 마지막 실전편에서는 그동안 배운 문자를 익히며 기초어휘(분야별)를 익히도록 한다.

 인터넷 무료 동영상 강의 **http://bm.cyber.co.kr**

● 히라가나	1강 · 2강
● 가타카나	3강 · 4강
● 탁음 · 반탁음	5강
● 요음 · 장음 · 촉음 · 발음(ん)	6강
● 단어	7강

차 례

제 1 부   일본어 문자(가나) 5

　　1. 일본어문자(가나)란?

　　2. 청음(오십음도)

　　3. 탁음, 반탁음, 요음

제 2 부   히라가나(ひらがな) 9

　　1. 청음　　あ행　　11　　　か행　　15
　　　　　　　さ행　　19　　　た행　　23
　　　　　　　な행　　27　　　は행　　31
　　　　　　　ま행　　35　　　や행　　39
　　　　　　　ら행　　43　　　わ행 ん　47

　　2. 히라가나 마무리하기 51

제 3 부   가타카나(カタカナ) 55

　　1. 청음　　ア행　　57　　　カ행　　61
　　　　　　　サ행　　65　　　タ행　　69
　　　　　　　ナ행　　73　　　ハ행　　77
　　　　　　　マ행　　81　　　ヤ행　　85
　　　　　　　ラ행　　89　　　ワ행 ン　93

　　2. 가타카나 마무리하기 97

제 4 부   탁음 · 반탁음 · 요음 · 장음 · 촉음 · 발음 99

　　1. 탁음 · 반탁음 101

　　2. 요음 113

　　3. 장음 · 촉음 · 발음(ん) 119

제 5 부   단어 익히면서 문자 마무리하기 121

　　1. 그림 보며 단어 익히기 122

　　2. 분야별 어휘 익히기 124

　　※ 부록 : 문자별 가나카드 .... 1～16

제1부
일본어 문자

1. 일본어의 문자란?

일본어의 글자는 히라가나 · 가타카나 · 한자로 구성되어 있다.

히라가나와 가타카나를 통틀어 '가나(仮名)'라고 부른다.

이 '가나'를 다섯글자씩 열개의 행으로 배열한 것을 '오십음도(五十音図)'라고 하며 가로줄을 '행(行)', 세로줄을 '단(段)'이라고 부른다.

(1) 히라가나

한자의 초서체를 바탕으로 일본 궁중 여성들이 주로 사용한 데서 유래되어 현대 일본어의 가장 기본이 되는 문자이다.

(2) 가타카나

히라가나와 같은 시기에 스님이나 귀족 남성들이 사용한 데서 유래되었고, 발음은 히라가나와 같다.

주로 외래어나 의성어, 의태어 또는 특별히 강조하고 싶을 때 쓴다.

(3) 한자

한자는 일본어 어휘체계의 기본이다. 우리나라와 같은 한자를 쓰기도 하지만, 대부분 약자를 쓰는 경우가 많다. 읽는 방법은 음으로 읽는 '음독(音読)'과 뜻에 맞추어 읽는 '훈독(訓読)'이 있다.

2. 청음(오십음도)

ひらがな(히라가나)

	あ	い	う	え	お
あ	あ a 아	い i 이	う u 우	え e 에	お o 오
か	か ka 카	き ki 키	く ku 쿠	け ke 케	こ ko 코
さ	さ sa 사	し si 시	す su 스	せ se 세	そ so 소
た	た ta 타	ち chi 치	つ tsu 츠	て te 테	と to 토
な	な na 나	に ni 니	ぬ nu 누	ね ne 네	の no 노
は	は ha 하	ひ hi 히	ふ hu 후	へ he 헤	ほ ho 호
ま	ま ma 마	み mi 미	む mu 무	め me 메	も mo 모
や	や ya 야		ゆ yu 유		よ yo 요
ら	ら ra 라	り ri 리	る ru 루	れ re 레	ろ ro 로
わ	わ wa 와				を o 오

ん n, m, g, N

カタカナ(가타카나)

	ア	イ	ウ	エ	オ
ア	ア a 아	イ i 이	ウ u 우	エ e 에	オ o 오
カ	カ ka 카	キ ki 키	ク ku 쿠	ケ ke 케	コ ko 코
サ	サ sa 사	シ si 시	ス su 스	セ se 세	ソ so 소
タ	タ ta 타	チ chi 치	ツ tsu 쓰	テ te 테	ト to 토
ナ	ナ na 나	ニ ni 니	ヌ nu 누	ネ ne 네	ノ no 노
ハ	ハ ha 하	ヒ hi 히	フ hu 후	ヘ he 헤	ホ ho 호
マ	マ ma 마	ミ mi 미	ム mu 무	メ me 메	モ mo 모
ヤ	ヤ ya 야		ユ yu 유		ヨ yo 요
ラ	ラ ra 라	リ ri 리	ル ru 루	レ re 레	ロ ro 로
ワ	ワ wa 와				ヲ o 오

ン n, m, g, N

3. 탁음 · 반탁음 · 요음

(1) 탁음(濁音)

행＼단	あ단	い단	う단	え단	お단
が행	が	ぎ	ぐ	げ	ご
ざ행	ざ	じ	ず	ぜ	ぞ
だ행	だ	ぢ	づ	で	ど
ば행	ば	び	ぶ	べ	ぼ

(2) 반탁음(半濁音)

ぱ행	ぱ	ぴ	ぷ	ぺ	ぽ

(3) 요음(拗音)

きゃ	しゃ	ちゃ	にゃ	ひゃ	みゃ	りゃ
きゅ	しゅ	ちゅ	にゅ	ひゅ	みゅ	りゅ
きょ	しょ	ちょ	にょ	ひょ	みょ	りょ

ぎゃ	じゃ	ぢゃ	びゃ	ぴゃ
ぎゅ	じゅ	ぢゅ	びゅ	ぴゅ
ぎょ	じょ	ぢょ	びょ	ぴょ

일본어 컴퓨터 자판 입력(영문으로 입력)

청음

あ a	か ka	さ sa	た ta	な na	は ha	ま ma	や ya	ら ra	わ wa	ん nn
い i	き ki	し si	ち ti	に ni	ひ hi	み mi	(い) i	り ri	い i	つ ltu
う u	く ku	す su	つ tu	ぬ nu	ふ hu	む mu	ゆ yu	る ru	う u	(촉음)
え e	け ke	せ se	て te	ね ne	へ he	め me	(え) e	れ re	え e	
お o	こ ko	そ so	と to	の no	ほ ho	も mo	よ yo	ろ ro	を wo	

탁음 과 **반탁음**

탁음

が ga	ぎ gi	ぐ gu	げ ge	ご go	ざ za	じ zi	ず zu	ぜ ze	ぞ zo
だ da	ぢ di	づ du	で de	ど do	ば ba	び bi	ぶ bu	べ be	ぼ bo

반탁음

ぱ pa	ぴ pi	ぷ pu	ぺ pe	ぽ po

요음

きゃ kya	しゃ sya	ちゃ tya	にゃ nya	ひゃ hya	みゃ mya	りゃ rya	ぎゃ gya	じゃ zya	ぢゃ dya	びゃ bya	ぴゃ pya
きゅ kyu	しゅ syu	ちゅ tyu	にゅ nyu	ひゅ hyu	みゅ myu	りゅ ryu	ぎゅ gyu	じゅ zyu	ぢゅ dyu	びゅ byu	ぴゅ pyu
きょ kyo	しょ syo	ちょ tyo	にょ nyo	ひょ hyo	みょ myo	りょ ryo	ぎょ gyo	じょ zyo	ぢょ dyo	びょ byo	ぴょ pyo

제2부
히라가나
(ひらがな)

1. 청음 : 탁점(ﾞ)이나 반탁점(ﾟ)이 붙지 않은 글자

2. 히라가나 마무리하기

1. 청음

ひらがな（히라가나）5〇음도

행(行) \ 단(段)	あ [a]	い [i]	う [u]	え [e]	お [o]
あ [a]	あ	い	う	え	お
か [ka]	か	き	く	け	こ
さ [sa]	さ	し	す	せ	そ
た [ta]	た	ち	つ	て	と
な [na]	な	に	ぬ	ね	の
は [ha]	は	ひ	ふ	へ	ほ
ま [ma]	ま	み	む	め	も
や [ya]	や		ゆ		よ
ら [ra]	ら	り	る	れ	ろ
わ [wa]	わ				を
[n]	ん				

행

일본어의 기본 모음이다. 우리말의

「아, 이, 우, 에, 오」와 비슷하나, 「う」는 「우」와 「으」의

중간발음이다.

발음기호는 「a.i.u.e.o」로 표기한다.

あ	い	う	え	お
a	i	u	e	o
아	이	우	에	오

그림 연상하며 쓰는 순서 익히기

아 동복	あ 아 [a]	① ﹁ ② ナ ③ あ	あ	あ あ あ あ
이 불	い 이 [i]	① し ② い	い い	い い
우 표	う 우 [u]	① ﹀ ② う	う	う う う
에 어로빅	え 에 [e]	① ﹀ ② え	え	え え え え え え
오 뎅	お 오 [o]	① ﹁ ② お ③ お	お	お お お お お お

 쓰는 순서 익히며 40번씩 쓰기 연습

	1	2	3	4	5	6	7	8	9	10
あ										
い										
う										
え										
お										

단어 익히며 쓰기 연습

 사랑	**あい** [ai]	あい			
 위	**うえ** [ue]	うえ			
 청색	**あお** [ao]	あお			
 집	**いえ** [ie]	いえ			

Check Check 지금까지 배운 것을 생각하며 빈칸에 순서대로 써 봅시다!

あ				
		う		
				お

행

보통 「카, 키, 쿠, 케, 코」로 발음하는데,
우리말의 「가」와 「카」의 중간음으로 발음되며,
어중이나 어말에서는 「까」 음에 가깝게 발음한다.

か	き	く	け	こ
ka	ki	ku	ke	ko
카	키	쿠	케	코

그림 연상하며 쓰는 순서 익히기

	か 카 [ka]	か		
가 방				
키 타	き 키 [ki]			
쿠 키	く 쿠 [ku]			
게	け 케 [ke]			
코 끼 리	こ 코 [ko]			

 **쓰는 순서 익히며 40번씩 쓰기 연습**

		1	2	3	4	5	6	7	8	9	10
か	1 2 3 4										
き											
く											
け											
こ											

 # 단어 익히며 쓰기 연습

감	かき [kaki]	かき			
듣다	きく [kiku]	きく			
연못	いけ [ike]	いけ			
얼굴	かお [kao]	かお			

 Check Check 지금까지 배운 것을 생각하며 빈칸에 순서대로 써 봅시다!

か				
		く		
				こ

 행

보통 「사, 시, 스, 세, 소」로 발음한다.
특히 「す」는
우리말의 「수」와 「스」의 중간음에 가깝게 발음한다.

さ	し	す	せ	そ
sa	si	su	se	so
사	시	스	세	소

그림 연상하며 쓰는 순서 익히기

사과	さ 사 [sa]	さ
시계	し 시 [si]	し
스프링	す 스 [su]	す
세수	せ 세 [se]	せ
소라	そ 소 [so]	そ

 쓰는 순서 익히며 40번씩 쓰기 연습

	1	2	3	4	5	6	7	8	9	10
さ 1 2 3 4										
し										
す										
せ										
そ										

단어 익히며 쓰기 연습

초밥	**すし** [susi]	すし			
술	**さけ** [sake]	さけ			
소금	**しお** [sio]	しお			
발	**あし** [asi]	あし			

 **Check Check** 지금까지 배운 것을 생각하며 빈칸에 순서대로 써 봅시다!

あ		う	
	き		
さ			そ
		す	

행

보통 「타, 치, 츠, 테, 토」로 발음하는데,
「ち」는 우리말의 「지」와 「치」의 중간음으로 발음되며,
어중이나 어말에서는 「찌」에 가깝게 발음한다.
「つ」는 우리말에 없는 발음으로 「츠」보다 약하게 발음한다.

た	ち	つ	て	と
ta	chi	tsu	te	to
타	치	츠	테	토

그림 연상하며 쓰는 순서 익히기

	た [ta]				
타조	た	一	ナ	ナ	た
		た	た	た	た
치약	ち	一	ち	ち	ち
		ち	ち	ち	ち
부츠	つ	つ	つ	つ	つ
		つ	つ	つ	つ
테니스	て	て	て	て	て
		て	て	て	て
토끼	と	゛	と	と	と
		と	と	と	と

 쓰는 순서 익히며 40번씩 쓰기 연습

	1	2	3	4	5	6	7	8	9	10
た 1 2 3 4										
ち										
つ										
て										
と										

단어 익히며 쓰기 연습

이미지	단어				
달	つき [tsuki]	つき			
시계	とけい [tokei]	とけい			
입	くち [kuchi]	くち			
문어	たこ [tako]	たこ			

Check Check 지금까지 배운 것을 생각하며 빈칸에 순서대로 써 봅시다!

か				
	し			
	ち			
				と

 행

보통 「나, 니, 누, 네, 노」로 발음한다.
특히 「ぬ」는 「누」와 「느」의 중간음으로
발음하면 된다.

な	に	ぬ	ね	の
na	ni	nu	ne	no
나	니	누	네	노

그림 연상하며 쓰는 순서 익히기

그림	쓰기	①	②	③	④
ⓝ비	な 나 [na]	一	ナ	ナ`	な
		な	な	な	な
바구ⓝ	に 니 [ni]	〡	に	に	に
		に	に	に	に
ⓝ에	ぬ 누 [nu]	丶	ぬ	ぬ	ぬ
		ぬ	ぬ	ぬ	ぬ
그ⓝ	ね 네 [ne]	丨	ね	ね	ね
		ね	ね	ね	ね
ⓝ래	の 노 [no]	の	の	の	の
		の	の	の	の

 # 쓰는 순서 익히며 40번씩 쓰기 연습

	1	2	3	4	5	6	7	8	9	10
な										
に										
ぬ										
ね										
の										

단어 익히며 쓰기 연습

 고양이	ねこ [neko]	ねこ			
 고기	にく [niku]	にく			
 개	いぬ [inu]	いぬ			
 배	なし [nasi]	なし			

 Check Check 지금까지 배운 것을 생각하며 빈칸에 순서대로 써 봅시다!

		く	
	ち		
な			
		ね	

행

보통 「하, 히, 후, 헤, 호」로 발음한다.

단, 「は」는 조사로 쓰일 때 「와」로 발음한다.

は	ひ	ふ	へ	ほ
ha	hi	hu	he	ho
하	히	후	헤	호

그림 연상하며 쓰는 순서 익히기

 ⓗ마	は 하 [ha]	❶ い	❷ い	❸ は	は
		は	は	は	は
 ⓗ프	ひ 히 [hi]	❶ ひ	ひ	ひ	ひ
		ひ	ひ	ひ	ひ
 ⓗ라이	ふ 후 [hu]	❶	❷	❸	❹
 ⓗ엄	へ 헤 [he]	❶ へ	へ	へ	へ
 ⓗ랑이	ほ 호 [ho]	❶ い	❷ い	❷❸ は	❹ ほ
		ほ	ほ	ほ	ほ

 쓰는 순서 익히며 40번씩 쓰기 연습

	1	2	3	4	5	6	7	8	9	10
は										
ひ										
ふ										
へ										
ほ										

단어 익히며 쓰기 연습

 꽃	**はな** [hana]	はな			
 배	**ふね** [hune]	ふね			
 배꼽	**へそ** [heso]	へそ			
 별	**ほし** [hosi]	ほし			

 **Check Check** 지금까지 배운 것을 생각하며 빈칸에 순서대로 써 봅시다!

		つ		
	に			
	ひ			
			へ	

 행

보통 「마, 미, 무, 메, 모」로 발음한다.
앞에서 배운 「ぬ(누)」와 「め(메)」는
혼동되기 쉬우니 유의해서 외우세요.

ま	み	む	め	も
ma	mi	mu	me	mo
마	미	무	메	모

그림 연상하며 쓰는 순서 익히기

마 스 크	ま 마 [ma]	❶ ー ❷ = ❸ ま	ま	ま ま ま ま
미 이 라	み 미 [mi]	❶ み み ❷ み み		み み み み
무 용	む 무 [mu]	❶ ー ❷ む む ❸ む		む む む む
메 기	め 메 [me]	❶ ヽ め ❷ め	め	め め め め
모 자	も 모 [mo]	❶ し ❷ も も ❸ も	も	も も も も

쓰는 순서 익히며 40번씩 쓰기 연습

	1	2	3	4	5	6	7	8	9	10
ま										
み										
む										
め										
も										

단어 익히며 쓰기 연습

귀	**みみ** [mimi]	みみ			
소나무	**まつ** [matsu]	まつ			
벌레	**むし** [musi]	むし			
눈	**め** [me]	め			

 **Check Check** 지금까지 배운 것을 생각하며 빈칸에 순서대로 써 봅시다!

				の
	ひ			
ま				
				め

 행

보통 「야, 유, 요」로 발음한다.

や	ゆ	よ
ya	yu	yo
야	유	요

그림 연상하며 쓰는 순서 익히기

야구	や 야 [ya]	① っ	② つ	③ や	や
		や	や	や	や
유도	ゆ 유 [yu]	① ゆ	② ゆ	ゆ	ゆ
		ゆ	ゆ	ゆ	ゆ
요가	よ 요 [yo]	① ￢	② よ	よ	よ
		よ	よ	よ	よ

 혼동하기 쉬운 글자 연습하기

め						
ぬ						

 쓰는 순서 익히며 4O번씩 쓰기 연습

	1	2	3	4	5	6	7	8	9	10

혼동하기 쉬운 글자 연습하기

단어 익히며 쓰기 연습

산	や ま [yama]	や ま			
눈	ゆ き [yuki]	ゆ き			
읽다	よ む [yomu]	よ む			

Check Check 지금까지 배운 것을 생각하며 빈칸에 순서대로 써 봅시다!

あ								へ
き							ふ	
し						み		
つ								も
の					✕	ゆ		✕
な					や			✕

행

보통 「라, 리, 루, 레, 로」로 발음하되
혀를 굴려서 발음할 필요는 없다.

ら	り	る	れ	ろ
ra	ri	ru	re	ro
라	리	루	레	로

그림 연상하며 쓰는 순서 익히기

라이타	라 [ra]	ら	ら	ら
리본	리 [ri]	り	り	り
루즈	루 [ru]	る	る	る
레고	레 [re]	れ	れ	れ
롤러스케이트	로 [ro]	ろ	ろ	ろ

쓰는 순서 익히며 40번씩 쓰기 연습

	1	2	3	4	5	6	7	8	9	10

ら

り

る

れ

ろ

단어 익히며 쓰기 연습

다람쥐	りす [risu]	りす			
원숭이	さる [saru]	さる			
여섯	ろく [roku]	ろく			
영	れい [rei]	れい			

Check Check 지금까지 배운 것을 생각하며 빈칸에 순서대로 써 봅시다!

			へ	
ま				
		ゆ		
ら				

 행과

우리말의 「와, 오, 응」으로 발음한다.

특히 「を」는 목적격 조사(~을, ~를)로만 쓰이는 특이한 음이다.

「ん」은 뒤에 오는 음에 따라

우리말에서 받침으로 쓰이는 「ㄴ, ㅁ, ㅇ」으로 발음한다.

わ	を	ん
wa	wo	n
와	오	응

그림 연상하며 쓰는 순서 익히기

わ 와 사 비	わ 와 [wa]	❶ ❷わ	わ	わ
		わ	わ	わ
を 오 징 어	を 오 [o]	❶一 ❷大 を❸	を	を
		を	を	を
ん 응 아	ん 응 [n]	❶ん	ん	ん
		ん	ん	ん

 혼동하기 쉬운 글자 연습하기

め							
ぬ							
ね							
わ							

히라가나 49

 쓰는 순서 익히며 40번씩 쓰기 연습

	1	2	3	4	5	6	7	8	9	10
わ										
を										
ん										

혼동하기 쉬운 글자 연습하기

 단어 익히며 쓰기 연습

악어 **わに** [wani]	わに			
귤 **みかん** [mikan]	みかん		
책을읽다 **ほんをよむ**	ほんをよむ	

혼동하기 쉬운 글자 연습하기

ね							
れ							
め							
ぬ							

2. 히라가나 마무리하기

1) 그림과 로마자를 보면서 히라가나로 써 보세요.

あ [ahiru]	い [inu]	う [usi]	え [ebi]	お [oni]
か [kani]	き [kiku]	く [kutsu]	け [kemusi]	こ [koma]
さ [saru]	し [sika]	す [suzume]	せ [semi]	そ [soba]
た [tako]	ち [chizu]	つ [tsuru]	て [tempura]	と [tora]
な [nasu]	に [niwatori]	ぬ [nuigurumi]	ね [neko]	の [norimaki]

[hato]	[hikouki]	[hune]	[hebi]	[hone]
[makura]	[mimi]	[musi]	[me]	[momo]
[yama]		[yukidaruma]		[youkan]
[rakuda]	[risu]	[rusuban]	[reizouko]	[roba]
[wani]				

모범답안
(あ)あひる, いぬ, うし, えび, おに (か)かに, きく, くつ, けむし, こま (さ)さる, しか, すずめ, せみ, そば (た)たこ, ちず, つる, てんぷら, とら (な)なす, にわとり, ぬいぐるみ, ねこ, のりまき (は)はと, ひこうき, ふね, へび, ほね (ま)まくら, みみ, むし, め,もも, (や)やま, ゆきだるま, ようかん (ら)らくだ, りす, るすばん, れいぞうこ, ろば, わに

2) 다음 그림을 보고 해당하는 단어를 히라가나로 두 번씩 써 보세요.

① 집		② 감	
③ 연못		④ 얼굴	
⑤ 초밥		⑥ 발	
⑦ 흙		⑧ 문어	
⑨ 개		⑩ 고양이	
⑪ 배		⑫ 벌레	
⑬ 산		⑭ 원숭이	
⑮ 악어		⑯ 귤	

※ 정답 : 뒷면

3) 히라가나(50음도) : 지금까지 배운 히라가나를 써 보세요.

단(段)〉〉〉 행(行)	[a] あ단	[i] い단	[u] う단	[e] え단	[o] お단
あ행 [a]					
か행 [ka]					
さ행 [sa]					
た행 [ta]					
な행 [na]					
は행 [ha]					
ま행 [ma]					
や행 [ya]		■		■	
ら행 [ra]					
わ [wa]					
[n]					

※ 53페이지 2)번 문제 모범답안

①	いえ	②	かき	③	いけ	④	かお
⑤	すし	⑥	あし	⑦	つち	⑧	たこ
⑨	いぬ	⑩	ねこ	⑪	なし	⑫	むし
⑬	やま	⑭	さる	⑮	わに	⑯	みかん

점검

제 3 부
가타카나
(カタカナ)

1. 청음

2. 가타카나 마무리하기

1. 청음

カタカナ(가타카나) 50음도

단(段) 행(行)	[a] ア 단	[i] イ 단	[u] ウ 단	[e] エ 단	[o] オ 단
[a] ア 행	ア	イ	ウ	エ	オ
[ka] カ 행	カ	キ	ク	ケ	コ
[sa] サ 행	サ	シ	ス	セ	ソ
[ta] タ 행	タ	チ	ツ	テ	ト
[na] ナ 행	ナ	ニ	ヌ	ネ	ノ
[ha] ハ 행	ハ	ヒ	フ	ヘ	ホ
[ma] マ 행	マ	ミ	ム	メ	モ
[ya] ヤ 행	ヤ		ユ		ヨ
[ra] ラ 행	ラ	リ	ル	レ	ロ
[wa] ワ 행	ワ				ヲ
[n]	ン				

행

우리말의 「아, 이, 우, 에, 오」와 비슷하나
「ウ」는 「우」와 「으」의 중간 발음이다.
발음기호는 「a, i, u, e, o」로 표기한다.

ア	イ	ウ	エ	オ
あ	い	う	え	お
a	i	u	e	o
아	이	우	에	오

그림 연상하며 쓰는 순서 익히기

アイスクリーム [aisukuri-mu]	ア 아 [a]	❶ㄱ ❷ア	ア	ア
		ア	ア	ア
インク [inku]	イ 이 [i]	❶ノ ❷イ	イ	イ
		イ	イ	イ
ウイスキー [uisuki-]	ウ 우 [u]	❶丶 ❷宀 ❸ウ	ウ	ウ
		ウ	ウ	ウ
エプロン [epuron]	エ 에 [e]	❶一 ❷T ❸エ	エ	エ
		エ	エ	エ
オートバイ [o-tobai]	オ 오 [o]	❶一 ❷才 ❸オ	オ	オ
		オ	オ	オ

 쓰는 순서 익히며 40번씩 쓰기 연습

	1	2	3	4	5	6	7	8	9	10

단어 익히며 쓰기 연습

눈 [eye]	**アイ** [ai]	アイ			
옷 [wear]	**ウエア** [uea]	ウエア			
공기 [air]	**エア** [ea]	エア			
잉크 [ink]	**インク** [inku]	インク			

Check Check 지금까지 배운 것을 생각하며 빈칸에 순서대로 써 봅시다!

ア				
	イ			
		ウ		
			エ	

 행

보통 「카, 키, 쿠, 케, 코」로 발음하는데,
우리말의 「가」와 「카」의 중간음으로 발음되며,
어중이나 어말에서는 「까」음에 가깝게 발음한다.

カ	キ	ク	ケ	コ
か	き	く	け	こ
ka	ki	ku	ke	ko
카	키	쿠	케	코

力 그림 연상하며 쓰는 순서 익히기

カメラ[kamera]	カ 카 [ka]	❶ﾌ ❷カ カ カ カ カ カ カ
キー[ki-]	キ 키 [ki]	❶一 ❷二 ❸キ キ キ キ キ キ
クーラー[ku-ra-]	ク 쿠[ku]	❶ノ ❷ク ク ク ク ク ク ク
ケーキ[ke-ki]	ケ 케 [ke]	❶ノ ❷ケ ❸ケ ケ ケ ケ ケ ケ
コーヒー[ko-hi-]	コ 코[ko]	❶フ ❷コ コ コ コ コ コ コ

 쓰는 순서 익히며 40번씩 쓰기 연습

	1	2	3	4	5	6	7	8	9	10
カ										
キ										
ク										
ケ										
コ										

 단어 익히며 쓰기 연습

그림	글자				
자동차	カー [ka-]	カ			
케이크	ケーキ [ke-ki]		ケーキ		
코코아	ココア [kokoa]		ココア		
키	キー [ki-]	キ			

Check Check 지금까지 배운 것을 생각하며 빈칸에 순서대로 써 봅시다!

	イ			
カ				
		ク		
				コ

행

보통 「사, 시, 스, 세, 소」로 발음한다.
특히 「ス」는 우리말의 「수」와 「스」의
중간음에 가깝게 발음한다.

サ	シ	ス	セ	ソ
さ	し	す	せ	そ
sa	si	su	se	so
사	시	스	세	소

그림 연상하며 쓰는 순서 익히기

サッカー[sakka-]	サ 사 [sa]	❶ 一	❷ 十	❸ サ	サ
シーソー[si-so-]	シ 시 [si]	❶	❷	❸ シ	シ
スキー[suki-]	ス 스 [su]	❶ フ	❷ ス	ス	ス
セーター[se-ta-]	セ 세 [se]	❶ ㄱ	❷ セ	セ	セ
ソーセージ[so-se-zi]	ソ 소 [so]	❶	❷ ソ	ソ	ソ

 쓰는 순서 익히며 40번씩 쓰기 연습

	1	2	3	4	5	6	7	8	9	10
サ										
シ										
ス										
セ										
ソ										

단어 익히며 쓰기 연습

그림	단어			
 시소	シーソー [si-so-]	シーソー		
 스키	スキー [suki-]	スキー		
 스위스	スイス [suisu]	スイス		
 소스	ソース [so-su]	ソース		

 Check Check 지금까지 배운 것을 생각하며 빈칸에 순서대로 써 봅시다!

			ス	
		ス		
	ス			
				ソ

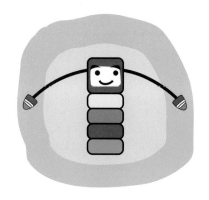

 행

보통 「타, 치, 츠, 테, 토」로 발음한다.

특히 「チ」는 「지」와 「치」의 중간음으로

어중과 어말에서는 「찌」에 가깝게 발음한다.

「ツ」는 우리말에 없는 발음으로 「츠」보다 약하게 발음한다.

タ	チ	ツ	テ	ト
た	ち	つ	て	と
ta	chi	tsu	te	to
타	치	츠	테	토

그림 연상하며 쓰는 순서 익히기

タクシー[takusi-]	タ 타 [ta]	ノ	ク	タ	タ
		タ	タ	タ	タ
チーズ[chi-zu]	チ 치 [chi]	一	二	チ	チ
		チ	チ	チ	チ
ツリー[tsuri-]	ツ 츠 [tsu]	゛	゛	ツ	ツ
		ツ	ツ	ツ	ツ
テニス[tenisu]	テ 테 [te]	一	二	テ	テ
		テ	テ	テ	テ
トラック[torakku]	ト 토 [to]	｜	ト	ト	ト
		ト	ト	ト	ト

 쓰는 순서 익히며 40번씩 쓰기 연습

		1	2	3	4	5	6	7	8	9	10
タ											
チ											
ツ											
テ											
ト											

 단어 익히며 쓰기 연습

택시	**タクシー** [takusi-]	タクシー	
관광	**ツアー** [tsua-]	ツアー	
토스트	**トースト** [to-suto]	トースト	
텍스트	**テキスト** [tekisuto]	テキスト	

 Check Check 지금까지 배운 것을 생각하며 빈칸에 순서대로 써 봅시다!

			ツ	
サ				
		ツ		
				ト

행

보통 「나, 니, 누, 네, 노」로 발음한다.
특히 「ヌ」는 「누」와 「느」의
중간음으로 발음하면 된다.

ナ	ニ	ヌ	ネ	ノ
な	に	ぬ	ね	の
na	ni	nu	ne	no
나	니	누	네	노

그림 연상하며 쓰는 순서 익히기

ナイフ [naihu]	ナ 나 [na]	ナ	ナ	ナ	ナ
ニット [nitto]	ニ 니 [ni]	二	二	二	二
ヌード [nu-do]	ヌ 누 [nu]	フ	ヌ	ヌ	ヌ
ネクタイ [nekutai]	ネ 네 [ne]	ウ	ネ	ネ	ネ
ノート [no-to]	ノ 노 [no]	ノ	ノ	ノ	ノ

 쓰는 순서 익히며 40번씩 쓰기 연습

	1	2	3	4	5	6	7	8	9	10
ナ										
二										
ヌ										
ネ										
ノ										

단어 익히며 쓰기 연습

テニス 테니스	テニス [tenisu]			
ノート 노트	ノート [no-to]			
カヌー 카누	カヌー [kanu-]			
ネクタイ 넥타이	ネクタイ [nekutai]			

Check Check 지금까지 배운 것을 생각하며 빈칸에 순서대로 써 봅시다!

		ス	
			ト
ノ			

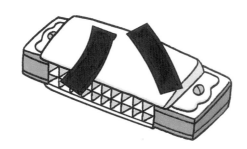

행

보통 「하, 히, 후, 헤, 호」로 발음한다.

ハ	ヒ	フ	ヘ	ホ
は	ひ	ふ	へ	ほ
ha	hi	hu	he	ho
하	히	후	헤	호

＊「ヘ」는 히라가나와 가타카나 모양이 같습니다.

그림 연상하며 쓰는 순서 익히기

ハーモニカ [ha-monika]	ハ 하 [ha]	ノ❶ パ❷	ハ	ハ	ハ
		ハ	ハ	ハ	ハ
ヒーター [hi-ta-]	ヒ 히 [hi]	❶ヒ❷	ヒ	ヒ	ヒ
		ヒ	ヒ	ヒ	ヒ
フィルム [huirumu]	フ 후 [hu]	❶フ	フ	フ	フ
		フ	フ	フ	フ
ヘリコプター [herikoputa-]	ヘ 헤 [he]	❶ヘ	ヘ	ヘ	ヘ
		ヘ	ヘ	ヘ	ヘ
ホテル [hoteru]	ホ 호 [ho]	❶一 ナ❷ オ❸ ホ❹			
		ホ	ホ	ホ	ホ

 **쓰는 순서 익히며 40번씩 쓰기 연습**

	1	2	3	4	5	6	7	8	9	10
ハ										
ヒ										
フ										
ヘ										
ホ										

단어 익히며 쓰기 연습

이미지	단어	쓰기
고속도로	ハイウエー [haiue-]	ハイウエー
머리카락	ヘア [hea]	ヘア
집	ホーム [ho-mu]	ホーム
히터	ヒーター [hi-ta-]	ヒーター

Check Check — 지금까지 배운 것을 생각하며 빈칸에 순서대로 써 봅시다!

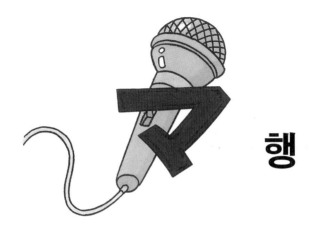

행

보통 「마, 미, 무, 메, 모」로 발음한다.
특히 「マ(마)」와 「ム(무)」는
혼동되기 쉬우니 유의해서 외우세요.

マ	ミ	ム	メ	モ
ま	み	む	め	も
ma	mi	mu	me	mo
마	미	무	메	모

그림 연상하며 쓰는 순서 익히기

マイク [maiku]	マ 마 [ma]	❶ フ	❷ マ	マ	マ
		マ	マ	マ	マ
ミルク [miruku]	ミ 미 [mi]	❶ ー	❷ ニ	❸ ミ	ミ
		ミ	ミ	ミ	ミ
ムービー [mu-bi-]	ム 무 [mu]	❶ ム	❷ ム	ム	ム
		ム	ム	ム	ム
メロン [meron]	メ 메 [me]	❶ ノ	❷ メ	メ	メ
		メ	メ	メ	メ
モーターボート [mo-ta-bo-to]	モ 모 [mo]	❶ ー	❷ ニ	❸ モ	モ
		モ	モ	モ	モ

 # 쓰는 순서 익히며 40번씩 쓰기 연습

	1	2	3	4	5	6	7	8	9	10
1										
2										
3										
4										

マ

ミ

ム

メ

モ

단어 익히며 쓰기 연습

마이크	**マイク** [maiku]	マイク	
햄	**ハム** [hamu]	ハム	
메모	**メモ** [memo]	メモ	
모니터	**モニター** [monita-]	モニター	

Check Check 지금까지 배운 것을 생각하며 빈칸에 순서대로 써 봅시다!

				ノ
ハ				
	ニ			
				メ

행

보통 「야, 유, 요」로 발음한다.

ヤ		ユ		ヨ
や		ゆ		よ
ya		yu		yo
야		유		요

그림 연상하며 쓰는 순서 익히기

ヤクルト [yakuruto]	ヤ 야 [ya]	⓵ ⟍ ⟍ ヤ ⓶ ヤ	ヤ ヤ	ヤ ヤ
ユニホーム [yuniho-mu]	ユ 유 [yu]	⓵ フ ⓶ ユ	ユ ユ	ユ ユ
ヨット [yotto]	ヨ 요 [yo]	⓵ フ ⓶ ⟍ ⓷ ヨ	ヨ ヨ	ヨ ヨ

 혼동하기 쉬운 글자 연습하기

シ								
ツ								
ユ								
コ								

쓰는 순서 익히며 40번씩 쓰기 연습

		1	2	3	4	5	6	7	8	9	10
ヤ	1										
	2										
	3										
	4										
ユ											
ヨ											

 ## 혼동하기 쉬운 글자 연습하기

단어 익히며 쓰기 연습

생글생글	ニコニコ [nikoniko]	ニコニコ	
유머	ユーモア [yu-moa]	ユーモア	
요요	ヨーヨー [yo-yo-]	ヨーヨー	

혼동하기 쉬운 글자 연습하기

ク						
セ						
ツ						
ヤ						

 행

보통 「라, 리, 루, 레, 로」로 발음한다.
혀를 굴려서 발음할 필요는 없다.

ラ	リ	ル	レ	ロ
ら	り	る	れ	ろ
ra	ri	ru	re	ro
라	리	루	레	로

그림 연상하며 쓰는 순서 익히기

 ラジオ [razio]	ラ 라 [ra]	❶ラ	❷ラ	フ
		フ	フ	フ
 リボン [ribon]	リ 리 [ri]	❶リ	❷リ	リ
		リ	リ	リ
 ルビー [rubi-]	ル 루 [ru]	❶ル	❷ル	ル
		ル	ル	ル
 レコード [reko-do]	レ 레 [re]	❶レ	レ	レ
		レ	レ	レ
 ロボット [robotto]	ロ 로 [ro]	❶ロ	❷ロ	❸ロ
		ロ	ロ	ロ

쓰는 순서 익히며 40번씩 쓰기 연습

	1	2	3	4	5	6	7	8	9	10
ラ										
リ										
ル										
レ										
ロ										

단어 익히며 쓰기 연습

라이터	ライター [raita-]	ライター	
리스트	リスト [risuto]	リスト	
레일	レール [re-ru]	レール	
러시아	ロシア [rosia]	ロシア	

Check Check 지금까지 배운 것을 생각하며 빈칸에 순서대로 써 봅시다!

	ビ		
		メ	
	リ		
		レ	

행과

 ヲ

우리말의 「와, 오, 응」으로 발음한다.
「ン」은 뒤에 오는 음에 따라서
우리말에서 받침으로 쓰이는 「ㄴ, ㅁ, ㅇ」으로 발음한다.

ワ	ヲ	ン
わ	を	ん
wa	wo	n
와	오	응

그림 연상하며 쓰는 순서 익히기

ワイン [wain]	ワ 와 [wa]	❶ ❷ ワ	ワ		
✕	ヲ 오 [wo]	❶ ❷ ヲ			
チキン [chikin]	ン 응 [n]	❶ ❷ ン			

 혼동하기 쉬운 글자 연습하기

ヲ								
ヲ								
ン								
ン								

 # 쓰는 순서 익히며 40번씩 쓰기 연습

	1	2	3	4	5	6	7	8	9	10
ワ										
ヲ										
ン										

혼동하기 쉬운 글자 연습하기

단어 익히며 쓰기 연습

 와인	ワイン [wain]	ワイン	
 철사	ワイヤ [waiya]	ワイヤ	

 Check Check   지금까지 배운 것을 생각하며 빈칸에 순서대로 써 봅시다!

マ				
		コ		
	リ			
ワ				

혼동하기 쉬운 글자 연습하기

コ							
ヨ							
ウ							
ヌ							

2. 가타카나 마무리하기

1) 다음 그림을 보고 해당하는 단어를 가타카나로 두 번씩 써 보세요.

① 코코아		② 케이크	
③ 스키		④ 시소	
⑤ 택시		⑥ 토스트	
⑦ 넥타이		⑧ 테니스	
⑨ 히터		⑩ 고속도로	
⑪ 마이크		⑫ 메모	
⑬ 유머		⑭ 생글생글	
⑮ 라이터		⑯ 와인	

※ 정답 : 뒷면

2) **カタカナ**(5○음도) : 지금까지 배운 가타카나를 써 보세요.

단(段) 행(行)	ア단 [a]	イ단 [i]	ウ단 [u]	エ단 [e]	オ단 [o]
ア행 [a]					
カ행 [ka]					
サ행 [sa]					
タ행 [ta]					
ナ행 [na]					
ハ행 [ha]					
マ행 [ma]					
ヤ행 [ya]					
ラ행 [ra]					
ワ행 [wa]					
[n]					

점검 □

※ 97페이지 1)번 문제 모범답안

① ココア ② ケーキ ③ スキー ④ シーソー ⑤ タクシー ⑥ トースト
⑦ ネクタイ ⑧ テニス ⑨ ヒーター ⑩ ハイウエー ⑪ マイク ⑫ メモ
⑬ ユーモア ⑭ ニコニコ ⑮ ライター ⑯ ワイン

제 4 부

1. 탁음, 반탁음

2. 요음

3. 장음, 촉음, 발음(ん)

탁음, 반탁음, 요음은 히라가나와 가타카나를 같이
배우기로 합니다.

1. 탁음(濁音), 반탁음(半濁音)

● 탁음은 「か, さ, た, は」행의

오른쪽 위에 탁점 「゛」을 붙여서 나타낸다.

● 반탁음은 「は」행의

오른쪽에 반탁점 「゜」을 붙여서 나타낸다.

	히라가나					가타카나				
탁음	が	ぎ	ぐ	げ	ご	ガ	ギ	グ	ゲ	ゴ
	が행 ga	gi	gu	ge	go	ガ행 ga	gi	gu	ge	go
	ざ	じ	ず	ぜ	ぞ	ザ	ジ	ズ	ゼ	ゾ
	ざ행 za	zi	zu	ze	zo	ザ행 za	zi	zu	ze	zo
	だ	ぢ	づ	で	ど	ダ	ヂ	ヅ	デ	ド
	だ행 da	zi	zu	de	do	ダ행 da	zi	zu	de	do
	ば	び	ぶ	べ	ぼ	バ	ビ	ブ	ベ	ボ
	ば행 ba	bi	bu	be	bo	バ행 ba	bi	bu	be	bo
반탁음	ぱ	ぴ	ぷ	ぺ	ぽ	パ	ピ	プ	ペ	ポ
	ぱ행 pa	pi	pu	pe	po	パ행 pa	pi	pu	pe	po

1) が [ガ]행 : か행에 탁점[゙]을 붙이면 무성음에서 유성음으로 바뀌어,
   が[ga]・ぎ[gi]・ぐ[gu]・げ[ge]・ご[go]가 됩니다.

が	가[ga]	が							
ぎ	기[gi]	ぎ							
ぐ	구[gu]	ぐ							
げ	게[ge]	げ							
ご	고[go]	ご							
ガ	가[ga]	ガ							
ギ	기[gi]	ギ							
グ	구[gu]	グ							
ゲ	게 [ge]	ゲ							
ゴ	고[go]	ゴ							

 단어 익히며 쓰기 연습

がくせい 학생	がくせい			
めがね 안경	めがね			
げた 나막신	げた			
かぐ 가구	かぐ			
あご 턱	あご			
ガラス 유리	ガラス			
ギター 기타	ギター			
ゲーム 게임	ゲーム			
ゴルフ 골프	ゴルフ			
グラフ 그래프	グラフ			

2) ざ [ザ]행: さ행에 탁점[゙]을 붙이면 무성음에서 유성음으로 바뀌어,
　ざ[za]・じ[zi]・ず[zu]・ぜ[ze]・ぞ[zo]가 됩니다.

ざ	자[za]	ざ							
じ	지[zi]	じ							
ず	즈[zu]	ず							
ぜ	제[ze]	ぜ							
ぞ	조[zo]	ぞ							
ザ	자[za]	ザ							
ジ	지[zi]	ジ							
ズ	즈[zu]	ズ							
ゼ	제[ze]	ゼ							
ゾ	조[zo]	ゾ							

 # 단어 익히며 쓰기 연습

ちず 지도	ちず			
かぞく 가족	かぞく			
ひざ 무릎	ひざ			
じかん 시간	じかん			
かぜ 바람	かぜ			
ラジオ 라디오	ラジオ			
モザイク 모자이크	モザイク			
チーズ 치즈	チーズ			
ゼロ 제로	ゼロ			
オゾン 오존	オゾン			

3) だ [ダ]행: た행에 탁점[゙]을 붙이면, だ[da]·で[de]·ど[do]로 바뀌며,
「ぢ」·「づ」는 「じ」·「ず」와 발음이 같다.
즉, ぢ[zi]·づ[zu]로 발음한다.

だ	다[da]	だ							
ぢ	지[zi]	ぢ							
づ	즈[zu]	づ							
で	데[de]	で							
ど	도[do]	ど							
ダ	다[da]	ダ							
ヂ	지[zi]	ヂ							
ズ	즈[zu]	ズ							
デ	데[de]	デ							
ド	도[do]	ド							

단어 익히며 쓰기 연습

だれ 누구	だれ			
でる 나가다	でる			
つづき 계속	つづき			
はなぢ 코피	はなぢ			
どこ 어디	どこ			
ダイヤル 다이얼	ダイヤル			
デート 데이트	デート			
ドラマ 드라마	ドラマ			
サラダ 샐러드	サラダ			
デザイン 디자인	デザイン			

4) ば [バ]행: は행에 탁점[゛]을 붙이면 「ㅎ」이 전부 「ㅂ」으로 변해
　　ば [ba]・び [bi]・ぶ [bu]・べ [be]・ぼ [bo]로 발음한다.

ば	바[ba]	ば							
び	비[bi]	び							
ぶ	부[bu]	ぶ							
べ	베[be]	べ							
ぼ	보[bo]	ぼ							
バ	바[ba]	バ							
ビ	비[bi]	ビ							
ブ	부[bu]	ブ							
ベ	베[be]	ベ							
ボ	보[bo]	ボ							

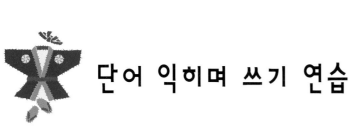
단어 익히며 쓰기 연습

そば 메밀국수	そば			
くび 목	くび			
ぶた 돼지	ぶた			
かべ 벽	かべ			
どろぼう 도둑	どろぼう			
バナナ 바나나	バナナ			
ビール 맥주	ビール			
バイブル 성경	バイブル			
ベルト 벨트	ベルト			
ズボン 바지	ズボン			

5) ぱ [パ]행 –반탁음

は행에 반탁점 [°]을 붙이면 「ㅎ」이 전부 「ㅍ」으로 바뀌어
ぱ [pa]・ぴ [pi]・ぷ [pu]・ぺ [pe]・ぽ [po]로 발음한다.
특히 의성어, 의태어, 외래어 어휘에 자주 쓰인다.

ぱ	파[pa]	ぱ							
ぴ	피[pi]	ぴ							
ぷ	푸[pu]	ぷ							
ぺ	페[pe]	ぺ							
ぽ	포[po]	ぽ							
パ	파[pa]	パ							
ピ	피[pi]	ピ							
プ	푸[pu]	プ							
ペ	페[pe]	ペ							
ポ	포[po]	ポ							

단어 익히며 쓰기 연습

いっぱい 가득	いっぱい			
ぴかぴか 반짝반짝	ぴかぴか			
ぷかぷか 뻑뻑	ぷかぷか			
ぺたぺた 찰싹찰싹	ぺたぺた			
ぽかぽか 따끈따끈	ぽかぽか			
パイプ 파이프	パイプ			
ピアノ 피아노	ピアノ			
プール 수영장	プール			
ペン 펜	ペン			
スポーツ 스포츠	スポーツ			

6) 탁음과 반탁음 마무리 연습 : 단어를 보고 써 보세요.

〈히라가나편〉

① 안경		② 학생	
③ 가족		④ 바람	
⑤ 누구		⑥ 어디	
⑦ 돼지		⑧ 도둑	
⑨ 무릎		⑩ 목	
⑪ 반짝반짝		⑫ 가득	

〈가타카나편〉

① 기타		② 골프	
③ 치즈		④ 제로	
⑤ 드라마		⑥ 디자인	
⑦ 라디오		⑧ 게임	
⑨ 맥주		⑩ 바지	
⑪ 피아노		⑫ 스포츠	

모범답안

〈히라가나편〉
① めがね ② がくせい ③ かぞく ④ かぜ ⑤ だれ ⑥ どこ ⑦ ぶた
⑧ どろぼう ⑨ ひざ ⑩ くび ⑪ ぴかぴか ⑫ いっぱい
〈가타카나편〉
① ギター ② ゴルフ ③ チーズ ④ ゼロ ⑤ ドラマ ⑥ デザイン ⑦ ラジオ ⑧ ゲーム ⑨ ビール ⑩ ズボン ⑪ ピアノ ⑫ スポーツ

2. 요음(拗音)

요음이란 오십음도의 각 자음의 「い」단(き・し・ち・に・ひ・
み・り・ぎ・じ・び・ぴ)에 반모음인 や, ゆ, よ를 작게 표기하여
한 음절로 발음하는 글자를 말한다.

요음으로 쓰인 や, ゆ, よ는 한글의 「ㅑ, ㅠ, ㅛ」와 같은 모음 역할을
하며 단독으로는 사용하지 못한다.

きゃ	キャ	しゃ	シャ	ちゃ	チャ	にゃ	ニャ	ひゃ	ヒャ	みゃ	ミャ	りゃ	リャ
kya		sya		cha		nya		hya		mya		rya	
きゅ	キュ	しゅ	シュ	ちゅ	チュ	にゅ	ニュ	ひゅ	ヒュ	みゅ	ミュ	りゅ	リュ
kyu		syu		chu		nyu		hyu		myu		ryu	
きょ	キョ	しょ	ショ	ちょ	チョ	にょ	ニョ	ひょ	ヒョ	みょ	ミョ	りょ	リョ
kyo		syo		cho		nyo		hyo		myo		ryo	

ぎゃ	ギャ	じゃ	ジャ	びゃ	ビャ	ぴゃ	ピャ
gya		zya		bya		pya	
ぎゅ	ギュ	じゅ	ジュ	びゅ	ビュ	ぴゅ	ピュ
gyu		zyu		byu		pyu	
ぎょ	ギョ	じょ	ジョ	びょ	ビョ	ぴょ	ピョ
gyo		zyo		byo		pyo	

1) か · が행에서의 요음은 [kya]캬 · [kyu]큐 · [kyo]쿄 / [gya]갸 · [gyu]규 · [gyo]교 로 발음한다.

히라가나	きゃ	きゃ		
	きゅ	きゅ		
	きょ	きょ		
	ぎゃ	ぎゃ		
	ぎゅ	ぎゅ		
	ぎょ	ぎょ		

キャ	キャ			가타카나
キュ	キュ			
キョ	キョ			
ギャ	ギャ			
ギュ	ギュ			
ギョ	ギョ			

단어 익히며 쓰기 연습

きゃく 손님	
きゅうり 오이	
きんぎょ 금붕어	
ぎゅうにゅう 우유	

バーベキュー 바베큐	
キャンプ 캠프	
ギョーザ 중국식만두	
ギャラリー 갤러리	

2) さ・ざ행에서의 요음은 [sya]^샤 · [syu]^슈 · [syo]^쇼 / [zya]^쟈 · [zyu]^쥬 · [zyo]^죠로 발음한다.

히라가나	しゃ	しゃ		
	しゅ	しゅ		
	しょ	しょ		
	じゃ	じゃ		
	じゅ	じゅ		
	じょ	じょ		

가타카나	シャ	シャ		
	シュ	シュ		
	ショ	ショ		
	ジャ	ジャ		
	ジュ	ジュ		
	ジョ	ジョ		

단어 익히며 쓰기 연습

しゃしん 사진		シューズ 신발	
かしゅ 가수		シャワー 샤워	
じゃま 방해		ルージュ 루즈	
じゅうしょ 주소		ジャンプ 점프	

3) た·な행에서의 요음은 챠 츄 쵸 / 냐 뉴 뇨 [cha]·[chu]·[cho] / [nya]·[nyu]·[nyo]로
발음한다.

히라가나	ちゃ	ちゃ		
	ちゅ	ちゅ		
	ちょ	ちょ		
	にゃ	にゃ		
	にゅ	にゅ		
	にょ	にょ		

チャ	チャ			가타카나
チュ	チュ			
チョ	チョ			
ニャ	ニャ			
ニュ	ニュ			
ニョ	ニョ			

단어 익히며 쓰기 연습

ちゅうごく 중국	
ちょきん 저금	
にゅうしゃ 입사	
にょうぼう 마누라	

チャート 차트	
チャンネル 채널	
ニュース 뉴스	
メニュー 메뉴	

4) は・ば・ぱ행에서의 요음은 [hya]·[hyu]·[hyo] / [bya]·[byu]·[byo] / [pya]·[pyu]·[pyo]로 발음한다.

히라가나

ひゃ	ひゃ		
ひゅ	ひゅ		
ひょ	ひょ		
びゃ	びゃ		
びゅ	びゅ		
びょ	びょ		
ぴゃ	ぴゃ		
ぴゅ	ぴゅ		
ぴょ	ぴょ		

가타카나

ヒャ	ヒャ		
ヒュ	ヒュ		
ヒョ	ヒョ		
ビャ	ビャ		
ビュ	ビュ		
ビョ	ビョ		
ピャ	ピャ		
ピュ	ピュ		
ピョ	ピョ		

단어 익히며 쓰기 연습

ゃく 백		
ょうき 병		
っぴゃく 육백		

ヒューズ 퓨즈		
デビュー 데뷔		
コンピューター 컴퓨터		

5) ま · ら행에서의 요음은 [mya] · [myu] · [myo] / [rya] · [ryu] · [ryo]로 발음한다.

| | | 마
 [mya] | 뮤
 [myu] | 묘
 [myo] | 랴
 [rya] | 류
 [ryu] | 료
 [ryo] |

히 라 가 나	みゃ	みゃ		
	みゅ	みゅ		
	みょ	みょ		
	りゃ	りゃ		
	りゅ	りゅ		
	りょ	りょ		

ミャ	ミャ			가 타 카 나
ミュ	ミュ			
ミョ	ミョ			
リャ	リャ			
リュ	リュ			
リョ	リョ			

 단어 익히며 쓰기 연습

みゃく 맥		ミュージック 음악	
みょうじ 성씨		コミュニケーション 커뮤니케이션	
りゃくじ 약자		リューマチ 류마티즘	
りょこう 여행		リュックサック 등산용가방	

3. 장음(長音) · 촉음(促音) · 발음(撥音)

1) **장음(長音)** : 한음절분의 길이를 가지고 발음한다. 일본어는 음이 길고 짧음에 따라 의미가 달라지므로, 발음에 특히 주의해야 한다.

ひらがな의 경우

① あ단 : [-ɑ] + あ → [ɑɑ] 아 -

 おか<u>あ</u>さん(어머니) ····················· おかさん(오카씨)

 おば<u>あ</u>さん(할머니) ····················· おばさん(아주머니)

② い단 : [-i] + い → [ii] 이 -

 おおき<u>い</u>(크다) ···························· おおき[大木(성씨의하나)]

 おじ<u>い</u>さん(할아버지) ············· おじさん(아저씨)

③ う단 : [-u] + う → [uu] 우 -

 く<u>う</u>き(공기) ····························· くき(줄기)

 ゆ<u>う</u>き(용기) ····························· ゆき(눈)

④ え단 : [-e] + え → [ee] 에 -

 おね<u>え</u>さん(누나, 언니)

⑤ を단 : [-o] + う → [oo] 오 -

   [-o] + お → [oo] 오 -

 お<u>お</u>い(많다) ····························· おい(조카)

 こ<u>お</u>り(얼음) ····························· こり(결림)

 おと<u>う</u>さん(아버지)

カタカナ의 경우

「-」으로 장음을 표기한다.

(例) サ-カス(서커스) , チ-ズ(치즈) , メ-ル(메일) , カ-ド(카드)

2) **촉음(促音)** : 「つ」를 다른 글자 옆에 작게 써서 앞의 음에 붙여서 내는 음이다. 뒤에 오는 글자에 따라 음이 달라진다.

① 「か」행 앞 → [k]로 발음한다.

にっき[nikki] 일기, がっこう[gakko-] 학교

② 「さ」행 앞 → [s]로 발음한다.

ざっし[zassi] 잡지, ひっす[hissu] 필수

③ 「た」행 앞 → [t]로 발음한다.

きって[kitte] 우표, いったい[ittai] 도대체

④ 「ぱ」행 앞 → [p]로 발음한다.

いっぱい[ippai] 가득, きっぷ[kippu] 표

3) **발음(撥音)** : 「ん」은 '하네루음'이라고도 하며 뒤에 오는 글자에 따라 음이 바뀐다.

① 「m」으로 발음되는 경우 : ん뒤에 「ま, ば, ぱ」행이 올 때

さんぽ[sampo] 산책 , あんま[amma] 안마

② 「n」으로 발음되는 경우 : ん뒤에 「さ, ざ, た, だ, な, ら」행이 올 때

しんせつ[sinsetsu] 친절, おんな[onna] 여자, べんり[benri] 편리

③ 「ŋ」으로 발음되는 경우 : ん뒤에 「か, が」행이 올 때

げんき[geŋki] 건강, にほんご [nihoŋgo] 일본어

④ 비음「N」으로 발음 되는경우 :

· 「ん」으로 끝날 때

ほん[hoN] 책, えん[eN] 엔

· 「ん」이 모음 또는 반모음 앞에 올 경우

でんわ[deNwa] 전화, ほんや[hoNya] 책방

※③④음은 한국인은 발음하기 어려운데 「N」은 비음으로 발음하도록 노력한다.

제 5 부

단어 익히면서 마무리하기

1. 그림 보며 단어 익히기

2. 분야별 어휘 익히기

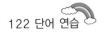

1. 그림 보며 단어 익히기

(1) 히라가나

	あめ				かさ	
	さかな				すいか	
	ちず				でぐち	
	いぬ				ひつじ	
	ほし				めがね	
	ごはん				やすむ	
	はこぶ				はしる	
	さけぶ				はなす	

(2) 가타카나

	テレビ			トイレ	
	ミルク			ズボン	
	ケーキ			バス	
	チーズ			ホテル	
	ゴルフ			リボン	
	カメラ			ハンドバック	
	スパゲッティ			チョコレート	
	オリンピック			エレベーター	

2. 분야별 어휘 익히기 : 한 번씩 써 보면서 단어를 익히세요.

(1) 신체

 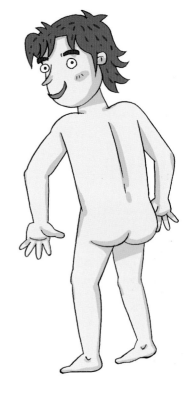

일본어	뜻	쓰기	일본어	뜻	쓰기
かお	얼굴		て	손	
め	눈		へそ	배꼽	
はな	코		しり	엉덩이	
くち	입		こし	허리	
みみ	귀		あし	발	
くび	목		せなか	등	
あたま	머리		おなか	배	
かみ	머리카락		ゆび	손가락	
かた	어깨		ひじ	팔꿈치	
むね	가슴		ひざ	무릎	
うで	팔				

(2) 나라이름

かんこく 한국		にほん 일본	
ちゅうごく 중국		アメリカ 미국	
ドイツ 독일		ロシア 러시아	
フランス 프랑스		インド 인도	
イギリス 영국		ブラジル 브라질	

(3) 교통기관

ふね 배		でんしゃ 전철	
じてんしゃ 자전거		れっしゃ 열차	
バス 버스		タクシー 택시	
オートバイ 오토바이		トラック 트럭	

(4) 동물

うし 소		いぬ 개	
ねこ 고양이		くま 곰	
うま 말		ぶた 돼지	
むし 벌레		ライオン 사자	

(5) 때

あさ 아침		ひる 낮	
ゆう 저녁		よる 밤	
きょう 오늘		きのう 어제	
あした 내일		おととい 그저께	

(6) 스포츠

すもう 스모		とざん 등산	
サッカー 축구		テニス 테니스	
スキー 스키		やきゅう 야구	
ピンポン 탁구		マラソン 마라톤	
ゴルフ 골프		すいえい 수영	
バスケットボール 농구			

(7) 음식

てんぷら 튀김		うどん 우동	
すし 초밥		さしみ 생선회	
おにぎり 주먹밥		おでん 오뎅	
そば 메밀국수		すきやき 전골	
みそしる 된장국		ラーメン 라면	
ピザ 피자		ハンバーガー 햄버거	
ソーセージ 소세지		コーヒー 커피	
ジュース 쥬스		ビール 맥주	

(8) 계절

はる 봄		なつ 여름	
あき 가을		ふゆ 겨울	

(9) 과일

みかん 귤		くり 밤	
かき 감		いちご 딸기	
りんご 사과		もも 복숭아	
すいか 수박		ぶどう 포도	
なし 배		くだもの 과일	

(10) 학교

がっこう 학교		のり 풀	
つくえ 책상		えんぴつ 연필	
いす 의자		はさみ 가위	
まど 창문		じょうぎ 자	
ほん 책		かばん 가방	
きょうしつ 교실		じしょ 사전	

(11) 요일

にちようび 일요일		げつようび 월요일	
かようび 화요일		すいようび 수요일	
もくようび 목요일		きんようび 금요일	
どようび 토요일			

す	せ	そ
た	ち	つ
て	と	な
に	ぬ	ね

の	は	ひ
ふ	へ	ほ
ま	み	む
め	も	や

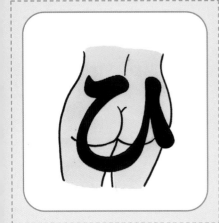

ゆ	よ	ら
り	る	れ
ろ	わ	を
ん		

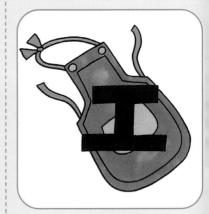

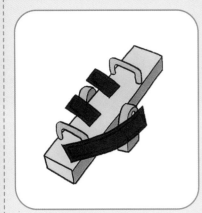

ノ	ハ	ヒ
マ	ミ	ム
フ	ヘ	ホ
メ	モ	ヤ

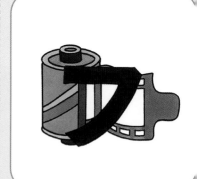

ユ	ヨ	ラ
リ	ル	レ
ロ	ワ	ヲ
ン		

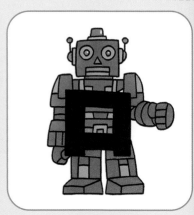